U0607229

周恩来寄语

（青少年版）

周恩来思想生平研究会 编

人民出版社

责任编辑：侯俊智
装帧设计：汪　阳
责任校对：夏玉婵

图书在版编目（CIP）数据

周恩来寄语：青少年版／周恩来思想生平研究会 编 . — 北京：
　人民出版社，2017.9（2025.9 重印）
ISBN 978 - 7 - 01 - 018279 - 7

I.①周…　II.①周…　III.①周恩来（1898—1976）- 箴言 - 青少年读物
　IV.① K827=7

中国版本图书馆 CIP 数据核字（2017）第 230708 号

周恩来寄语
ZHOUENLAI JIYU
（青少年版）

周恩来思想生平研究会 编

人民出版社 出版发行
（100706　北京市东城区隆福寺街 99 号）

中煤（北京）印务有限公司印刷　新华书店经销

2017 年 9 月第 1 版　2025 年 9 月北京第 22 次印刷
开本：880 毫米 × 1230 毫米 1/32　印张：7　插图：58　字数：4 千字

ISBN 978 - 7 - 01 - 018279 - 7　定价：30.00 元

邮购地址 100706　北京市东城区隆福寺街 99 号
人民东方图书销售中心　电话：（010）65250042　65289539

目　录

1

周恩来寄语

浙江绍兴周恩来祖居

（李世刚、李世东、刘海龙绘）

江苏淮安周恩来故居

（李世刚、李世东、刘海龙绘）

1911年，周恩来在沈阳东关模范学校上学时，立下"为中华之崛起而读书"的志向。

（李世刚、李世东绘）

为中华之崛起而读书

（1911 年）

同心努力 万里前程 指日登 翔宇书

1913 年，周恩来从东关模范学校毕业时给同学郭思宁的题词。

同心努力，万里前程指日登。

（1913 年春）

《周恩来题词集解》，第 4 页。

沈阳东关模范学校旧址

（李世刚、李世东绘）

求学贵勤，
勤则一生之计足矣。
人人能勤，
则一国之事定矣。

（1914 年春）

《周恩来南开校中作文》，第 4 页。

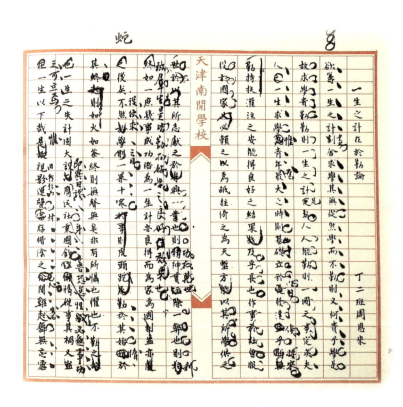

1914年春，周恩来在南开学校读书时写的作文《一生之计在于勤论》手稿。

作事于社会，
服役于国家，
以其所学，
供之于世。

（1914 年春）

《周恩来南开校中作文》，第 4 页。

在南开学校读书时的周恩来

（李世刚、李世东绘）

凡人之所能为者，
己即能为之。

（1914年春）

《周恩来南开校中作文》，第9页。

南开学校东楼

（李世刚、李世东、刘海龙绘）

希望者何？志是也。

（1915 年 4 月）

《周恩来南开校中作文》，第 29 页。

1915年4月，周恩来在南开学校读书时写的作文《答友询学问有何进境启》手稿。

学者，事业之基。

（1915 年 9 月 29 日）

《周恩来南开校中作文》，第 43 页。

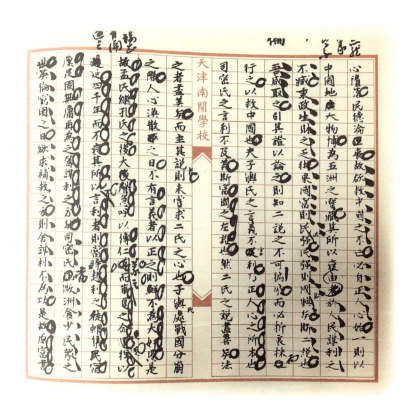

1915年秋，周恩来在南开学校读书时写的作文《子舆氏不言利，司密氏好言利，二说孰是，能折衷言之欲》手稿。

国富则民必强，民强则国斯兴矣。

（1915 年秋）

《周恩来南开校中作文》，第 54 页。

在南开学校读书时的周恩来

（李世刚、李世东绘）

民德民生，双峰并峙，两利皆举。

（1915年秋）

《周恩来南开校中作文》，第55页。

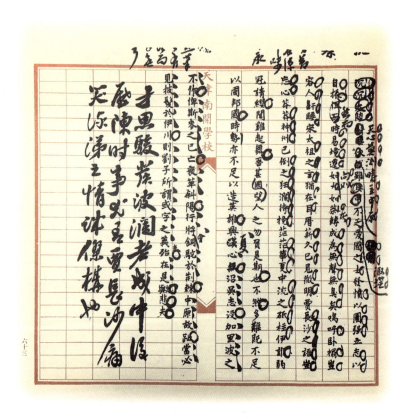

1915年冬，周恩来在南开学校读书时写的作文《或多难以固邦国论》手稿。

发愤以图强，立志以自振。

（1915 年冬）

《周恩来南开校中作文》，第 63 页。

1916 年 2 月，周恩来在南开学校读书时写的作文《论强权教育之无益》手稿。

教育之道，在于启发。

（1916年2月）

《周恩来南开校中作文》，第92页。

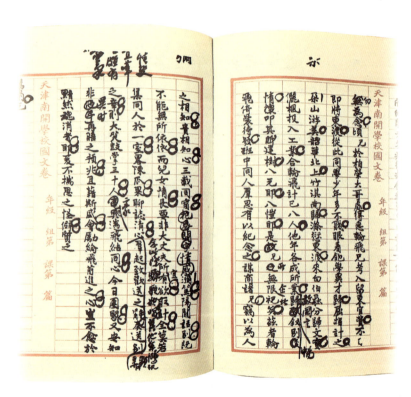

1916 年 9 月 19 日，周恩来在南开学校读书时写的作文《致同学饯友启》手稿。

人之相知，贵相知心。

（1916年9月19日）

《周恩来南开校中作文》，第110—111页。

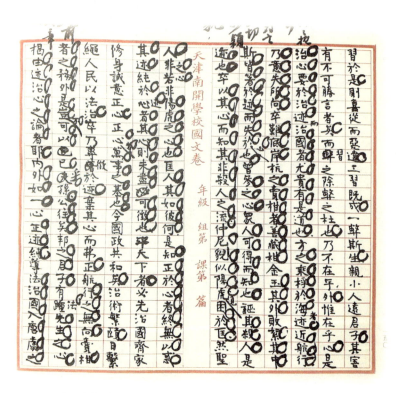

1916年，周恩来在南开学校读书时写的作文《方今政体维新，贵由迹治心，试申其义》手稿。

正心者，万事之基也。

（1916 年）

《周恩来南开校中作文》，第 150 页。

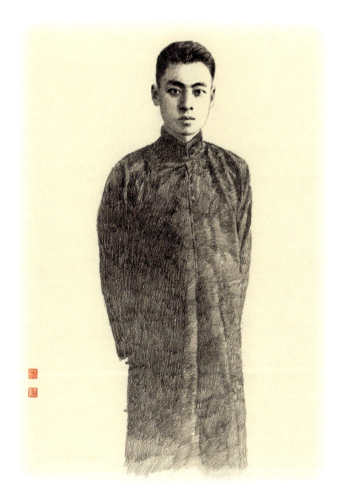

1920 年 10 月，旅欧前的周恩来。

（李世刚、李世东绘）

时光易逝，
岁不我与，
勿徒耽安乐，
以自暴弃。

（1917 年 1 月）

《周恩来南开校中作文》，第 154 页。

1917年，周恩来赴日留学。

（李世刚、李世东、刘海龙绘）

人民，国家之主人也。

（1917年5月2日）

《校风》，第63期。

1917 年 8 月 30 日，周恩来在毕业之际赠予同学的题词。

志在四方。

（1917年8月30日）

《周恩来题词集解》，第4页。

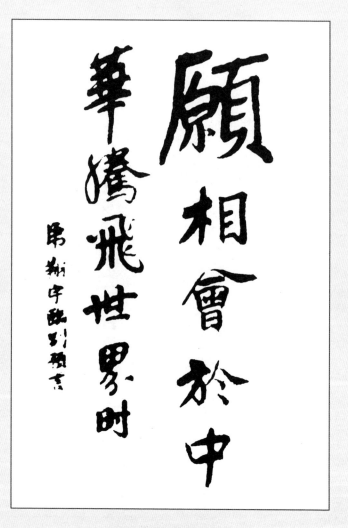

願相會於中
華騰飛世界时

邦新宇政别赠言

1917 年 8 月 30 日，周恩来为同学郭思宁题词。

愿相会于中华腾飞世界时。

（1917 年 8 月 30 日）

《周恩来手迹选》，第 3 页。

大凡天下的人，有真正本事的，
必定是能涵养，能虚心，
看定一种事情，应该去做的，
就拼命去做，
不计利害。

（1918年2月6日）

《周恩来旅日日记》

成败固然是不足论事，
然而当着他活的时候，
总要想他所办的事成功，
不能因为有折磨便灰心，
也不能因为有小小的成功便满足。
……
有大志向的人，
便想去救国，
尽力社会。

（1918 年 2 月 6 日）

《周恩来旅日日记》

大江歌罷掉頭東，
邃密群科濟世窮。
面壁十年圖破壁，
難酬蹈海亦英雄。

石蓀兄命余九歲来
渡时所作濟世窮
孫兄之以志弟遠
邦国他與慰裝
持贈即詞向
輪邨光以舊遊遊
東赴鈴伴以子
英華大鮮彭
十許留為角别
化念魚遠吾亯
志不望之遠以留
攀兄

民国八年三月

1917 年 9 月，周恩来赴日本求学途中创作七言诗《大江歌罢掉头东》。在诗中，青年周恩来抒发了远大的革命志向。

40

我平生最烦恶（nù）的是平常人立了志向不去行。

（1918年2月11日）

———————————————

《周恩来旅日日记》

第一，想要想比现在还新的思想；

第二，做要做现在最新的事情；

第三，学要学离现在最近的学问。

思想要自由，

做事要实在，

学问要真切。

（1918 年 2 月 11 日）

《周恩来旅日日记》

我认的主义一定是不变了，
并且很坚决地要为他宣传奔走。

（1922 年 3 月）

《周恩来书信选集》，第 46 页。

　　1921年春，周恩来（左二）与他的入党介绍人张申府（右一）、刘清扬（右二）夫妇及好友在柏林万塞湖。

（李世刚、李世东绘）

没有耕耘，

哪来收获？

没播革命的种子，

却盼共产花开！

梦想赤色的旗儿飞扬，

却不用血来染他，

天下哪有这类便宜事？

（1922 年 3 月）

《周恩来书信选集》，第 47 页。

1924 年，担任黄埔军校政治部主任时的周恩来。

（李世刚、李世东、刘海龙绘）

青年时期的周恩来与邓颖超

（李世刚、李世东绘）

中共六大秘书处办公楼旧址——莫斯科五一农场大楼。1928 年夏，周恩来赴莫斯科在此出席中共六大。

（李世刚、李世东、刘海龙绘）

心语

心语

我们在死难的烈士前面，

不需要流泪的悲哀，

而需要更痛切更坚决地继续着死难烈士的
遗志，

踏着死难烈士的血迹，

一直向前努力，

一直向前斗争！

（1929 年 9 月 14 日）

《周恩来选集》上卷，第 27 页。

长征到达陕北后的周恩来

（李世刚、李世东绘）

1936年4月，周恩来与张学良会谈地点——肤施（今延安）天主教堂。

（李世刚、李世东、刘海龙绘）

前志未遂，后死之责。

（1936年5月15日）

《周恩来书信选集》，第92页。

西安事变期间的周恩来

（李世刚、李世东、刘海龙绘）

我们中国的青年，

不仅要在救亡的事业中复兴民族，

而且要担负起将来建国的责任。

（1937 年 12 月 31 日）

《周恩来选集》上卷，第 89 页。

我们青年不仅仅有今天，
而且还有远大的未来。

（1937 年 12 月 31 日）

《周恩来选集》上卷，第89页。

只有坚信未来之胜利，

同时又努力克服现实的困难，

而艰苦奋斗，

这才是中华民族之伟大精神要素。

（1938 年 10 月 19 日）

《周恩来文化文选》，第 752 页。

周恩来和毛泽东在延安

（李世刚、李世东绘）

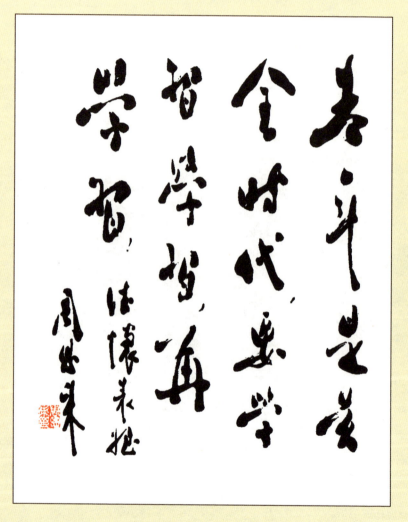

青年是学，今时代要学，智学好，再学习。 任怀英批

1939年3月29日，周恩来为王德怀题词。

58

青年是黄金时代，
要学习、学习、再学习。

（1939年3月29日）

《周恩来手迹选》，第16页。

真金不怕火来磨，要到烈火中去锻炼！

（1939 年 3 月）

《周恩来题词集解》，第 45 页。

1939 年，周恩来赴苏联治疗臂伤前在延安。

（李世刚、李世东绘）

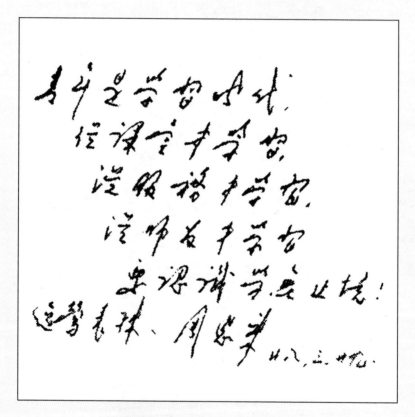

1939年3月29日，周恩来为王逸鸾题词。

青年是学习时代，
从课堂中学习，
从服务中学习，
从师友中学习，
要认识学无止境！

（1939 年 3 月 29 日）

《周恩来题词集解》，第 47 页。

要有坚持原则精神。

要相信群众力量。

要有学习精神。

要有坚韧的奋斗精神。

（1943 年 4 月 22 日）

《周恩来选集》上卷，第 128 页。

在任何艰难困苦的情况下，
都要以誓死不变的精神为共产主义奋斗到底。

（1943年8月8日）

《周恩来年谱（1898—1949）》（修订本），第573页。

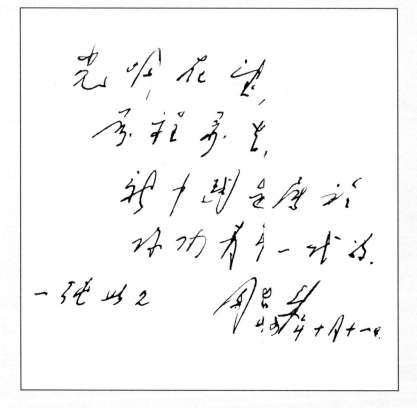

1945 年 10 月 11 日，周恩来为张一纯题词。

光明在望，

前程万里，

新中国是属于你们青年一代的。

（1945 年 10 月 11 日）

《周恩来题词集解》，第 74 页。

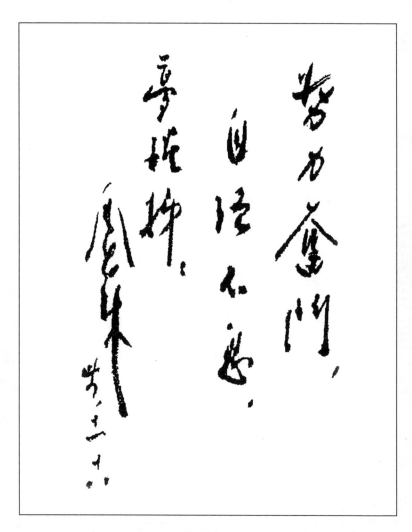

1945 年 11 月 18 日，周恩来为廖梦醒题词。

努力奋斗，自强不息。

（1945 年 11 月 18 日）

《周恩来题词集解》，第 75 页。

周恩来在延安

（李世刚、李世东、刘海龙绘）

谁有青年，谁就有未来。

（1945年12月10日）

《解放日报》

人是应该有理想的，
没有理想的生活会变成盲目。

（1946 年 4 月 28 日）

《文萃》，第 31 期。

到人民中去生活，
才能取得经验，
学习到本事，
这就是生活实践的意义。

（1946 年 4 月 28 日）

《文萃》，第 31 期。

人生赖奋斗而存。

（1946年6月11日）

《周恩来书信选集》，第303页。

1946 年，周恩来和邓颖超在梅园新村 30 号院内。

（李世刚、李世东、刘海龙绘）

应该象条牛一样努力奋斗，

团结一致，

为人民服务而死。

（1946 年 10 月 19 日）

《周恩来选集》上卷，第 241 页。

解放战争时期的周恩来

（李世刚、李世东、刘海龙绘）

只要我们敢于面对困难，
坚持人民路线，
我们必能克服困难，
走向胜利。

（1946年12月31日）

《周恩来书信选集》，第371页。

我们爱我们的民族，

这是我们自信心的源泉。

（1949 年 4 月 17 日）

《周恩来选集》上卷，第 323 页。

青年人富有朝气，
可以抓住很小的事情加以研究，
能够接受新鲜事物。
这些都是青年的优点，
今后要发扬起来。

（1949 年 4 月 22 日）

《周恩来经济文选》，第 8 页。

青年人一定要非常谦虚，不要骄傲。

（1949 年 4 月 22 日）

《周恩来选集》上卷，第 328 页。

对自己应该自勉自励，
应该严一点，
对人家应该宽一点，
"严以律己，宽以待人"。

（1949 年 4 月 22 日）

《周恩来选集》上卷，第 328 页。

把人家的好意见吸取过来，
思想才能更发展。

（1949 年 4 月 22 日）

《周恩来选集》上卷，第 329 页。

我们必须听各方面的意见，
辨别是非，
从青年的时候起，
就培养这样的思考力。

（1949 年 4 月 22 日）

《周恩来选集》上卷，第 329—330 页。

一个人坐在房子里孤陋寡闻，

这样不行，

应该在千军万马中敢于与人家来往，

说服教育人家，向人家学习，

团结最广大的人们一道斗争，

这样才算有勇气，

这种人叫做有大勇。

我们青年很需要养成这种作风。

（1949 年 4 月 22 日）

《周恩来选集》上卷，第 330 页。

我们青年人不是要空谈，而是要实行。

（1949年5月7日）

《周恩来选集》上卷，第336页。

错误是不可避免的，
但是不要重复错误。
青年人没有不栽几个筋斗的，
没有不碰几个钉子的。
碰了钉子后，
不要气馁。

（1949年5月7日）

《周恩来选集》上卷，第342—343页。

我们应该从世界各国吸取一切好的东西，

但必须让这些东西像种子一样在中国土壤上扎下根，

生长壮大，

变为中国化的东西，

才能有力量。

（1949年5月9日）

《周恩来文化文选》，第381页。

心语

心语

团结就是力量，
团结起来才能够实现我们的一切任务！

（1949 年 7 月 23 日）

《周恩来选集》上卷，第 365 页。

国家大事必须与闻,
应该使每个人有与闻国家大事的习惯。

（1949 年 12 月 22 日）

《周恩来选集》下卷，第 2 页。

人民的创造力是无穷的。

（1949 年 12 月 23 日）

《周恩来选集》下卷，第 13 页。

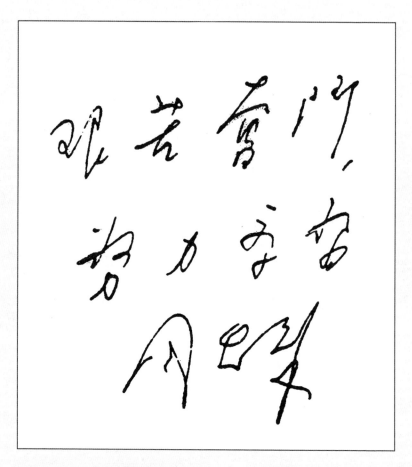

1950 年 2 月 17 日，周恩来为留苏学生题词。

艰苦奋斗，努力学习。

（1950年2月17日）

《周恩来题词集解》，第124页。

1950 年 6 月，周恩来同政协代表一起讨论国徽方案。

（李世刚、李世东、刘海龙绘）

科学是从实际中总结出来的系统知识，是客观真理。

（1950 年 6 月 8 日）

《周恩来选集》下卷，第 16 页。

实际工作要有理论的指导，
才不会盲目乱撞。

（1950年6月8日）

《周恩来选集》下卷，第17页。

学习理论需要反复实践，
才能掌握得更准确，
领会得更深刻。
所以，忽视实践的一面，
或者把实践和理论对立起来，
都是不对的。

（1950年6月8日）

《周恩来选集》下卷，第18页。

理想是需要的，

它可以为我们指出前进的方向，

但是理想必须从现实的努力奋斗中才能实现。

（1950 年 7 月 11 日）

《周恩来教育文选》，第 14 页。

今天的现实是不够美满的，

但是美满的现实需要我们大家共同去创造。

（1950 年 7 月 11 日）

《周恩来教育文选》，第 14—15 页。

周恩来寄语

一切事物都是在矛盾斗争中辩证地发展着的。
既然我们要工作，
就必须准备迎接困难，
克服困难。
青年人应当有这样的勇气。
第一要有勇气，
第二才能产生智慧。
有勇无智固然不好，
但如果连勇气都没有，
那就毫无办法了。

（1950 年 7 月 11 日）

《周恩来教育文选》，第 17 页。

一个人也要这样富有勇气，
敢于接受困难，
让困难来磨练自己，
使自己成熟起来。

（1950年7月11日）

《周恩来教育文选》，第17页。

有觉悟的人，
就要多做事情，
多为大家服务，
多听取别人的批评。
我们对批评要抱着有则改之、
无则加勉的态度。
如果脸红脖子粗，
不接受批评，
就是没有修养。

（1950 年 7 月 11 日）

《周恩来教育文选》，第 20 页。

青年人要不断地磨练自己。

鲁迅是大文学家，

但对任何一件小事都不苟且，

例如他对青年的来稿就是每一个字都仔细校阅，

认真修改的。

我们要学习这种精神，

要从一点一滴的小事做起。

（1950 年 7 月 11 日）

《周恩来教育文选》，第 21 页。

中南海西花厅

（李世刚、李世东、刘海龙绘）

方向和目标是确定了，
但道路是要我们一步一步去走的。

（1950 年 8 月 24 日）

《周恩来选集》下卷，第 23 页。

善于团结的人，
就是善于在共同点上统一矛盾的人。

（1950 年 8 月 24 日）

《周恩来选集》下卷，第 29—30 页。

一帆风顺是不能磨炼人的。

（1950 年 9 月 14 日）

《周恩来经济文选》，第 65 页。

周恩来寄语

我们应该有这样的态度和决心，

即犯了错误，

就检讨，

认识错误的根源，

在行动中改正错误。

有了犯错误的经验，

就可以少犯以致避免再犯同样的错误。

（1951 年 9 月 29 日）

《周恩来选集》下卷，第 60 页。

自己实践的经验是最可宝贵的，
最有用处的。

（1951年9月29日）

《周恩来选集》下卷，第67—68页。

在学习中，
对某一个问题持怀疑的态度是可以的，
因为真理并不是一下子就能被人们接受的。
真理愈辩愈明，
我们不怕怀疑。

（1951 年 9 月 29 日）

《周恩来选集》下卷，第 70 页。

一个人的进步要等他自觉地认识以后才最可靠。

（1951 年 9 月 29 日）

《周恩来选集》下卷，第 70 页。

为人民服务也就是为我们的国家，
为我们的民族，
为我们美好的将来，
为全人类光明的前途服务。

（1951 年 9 月 29 日）

《周恩来教育文选》，第 52 页。

人最难的是认识自己。

有了自知之明，

就有了一个进步的基础。

（1951 年 9 月 29 日）

《周恩来教育文选》，第 57 页。

人总是容易看到人家的短处，
看到自己的长处。
应该反过来，
多看人家的长处，
多看自己的短处。
这样不仅能使自己进步，
也能帮助别人进步。

（1951年9月29日）

《周恩来教育文选》，第63页。

毛泽东主席和周恩来总理在一起

（李世刚、李世东绘）

现在为人民好好学习，
将来为革命多做贡献。

（1953 年 5 月 24 日）

《周恩来文化文选》，第 409 页。

116

同学们出国后要做到身体好，学习好，纪律好。

（1953 年 7 月 25 日）

《周恩来教育文选》，第 81 页。

党和人民是伟大的，我们个人是渺小的。

（1954 年 2 月 10 日）

《周恩来选集》下卷，第 125—126 页。

每个人要在德、智、体、美等方面均衡发展。

不均衡地发展，

一定会有缺陷，

不仅影响个人能力的发挥，

对国家也不利。

（1954 年 2 月 21 日）

《周恩来选集》下卷，第 129 页。

1955 年，周恩来在印度尼西亚万隆出席第一次亚非会议。

（李世刚、李世东、刘海龙绘）

要得到人家尊重，首先要尊重人家。

（1955 年 4 月 27 日）

《周恩来外交文选》，第 139 页。

1956 年 11 月，周恩来访问东南亚。

敢于向一切国家的长处学习，
就是最有自信心和自尊心的表现，
这样的民族也一定是能够自强的民族。

（1956年5月3日）

《周恩来经济文选》，第256页。

凡是我们不懂不会的，
都要去学。
但要有一条：
要独立思考，避免盲从，不要迷信。

（1956年5月3日）

《周恩来经济文选》，第257页。

只要奋斗，
就有出路；
不奋斗，
就无法生存。

（1956 年 5 月 17 日）

《周恩来选集》下卷，第 194 页。

古今中外都有好东西，都要学，不要排斥。

（1956年5月17日）

《周恩来选集》下卷，第196页。

我们社会主义国家的人民要懂得劳动的可贵，

要热爱劳动，

这是很重要的一点。

（1957年3月24日）

《周恩来教育文选》，第145页。

老一代曾经哺育我们成长,
我们就应该赡养他们。

（1957 年 3 月 24 日）

《周恩来教育文选》，第 146 页。

几千年间，
劳动人民不断斗争，
形成了一种艰苦奋斗、
不怕牺牲的优良传统。
我们应该继承这种传统，
并在社会主义建设中发扬光大。

（1957年3月24日）

《周恩来教育文选》，第148页。

家务劳动是社会劳动的一部分，
参加家务劳动也是光荣的。

（1957 年 9 月 26 日）

《周恩来经济文选》，第 381 页。

周恩来在田间劳动

（李世刚、李世东、刘海龙绘）

1958 年 9 月，周恩来在开滦煤矿井下了解作业情况。

（李世刚、李世东、刘海龙绘）

人民的力量是不可战胜的。

（1959 年 12 月 14 日）

《周恩来统一战线文选》，第 399 页。

1961 年年初，周恩来在河北邯郸地区调查研究。

（李世刚、李世东、刘海龙绘）

批评要注意场合,
要心平气和,
摆事实,
讲道理。

（1960 年 7 月 14 日）

《周恩来选集》下卷，第 302 页。

各人所处的环境总有局限性，
要从多方面观察问题；
一个人的认识总是有限的，
要多听不同的意见，
这样才利于综合。

（1961 年 3 月 19 日）

《周恩来选集》下卷，第 313—314 页。

我们相信一代胜过一代。

历史的发展总是今胜于古，

但是古代总有一些好的东西值得继承。

（1961年6月19日）

《周恩来选集》下卷，第343页。

承认了错误还要改。
只承认错误，
不去改正，
还是空话。

（1962年3月2日）

《周恩来选集》下卷，第367页。

周恩来在飞机上工作

（李世刚、李世东、刘海龙绘）

人生有限，知识无限。

（1962 年 3 月 2 日）

《周恩来选集》下卷，第 368 页。

人总是有缺点的，
世界上没有完人，
永远不会有完人。
事物总是有矛盾的，
有矛盾就能促进事物发展，
如果停止发展，
就会灭亡。

（1962 年 3 月 2 日）

《周恩来选集》下卷，第 368 页。

周恩来在北京密云水库

（李世刚、李世东、刘海龙绘）

心语

心语

每天的客观存在，
反映到人的头脑里面，
在思维的过程中，
经常有不同的意见产生。
自己肯定了的东西，
后来自己又否定了。
这样看对了，
那样看又不对了，
几个侧面看完全了，
才掌握了全面。

（1962 年 4 月 18 日）

《周恩来选集》下卷，第 389—390 页。

办事不能急躁,
不能草率,
必须谨慎从事。

（1962 年 5 月 11 日）

《周恩来选集》下卷，第 408 页。

我们应该有临事而惧的精神。
这不是后退，
不是泄气，
而是戒慎恐惧。

（1962 年 5 月 11 日）

《周恩来选集》下卷，第 409—410 页。

我们讲重视科学、重视知识、重视实践，
是说每个人不可能懂得所有的事情，
因此要尊重科学人才，
请他们办某些专门的事情。

（1962 年 12 月 24 日）

《周恩来经济文选》，第 501 页。

周恩来和少先队员们在一起

（李世刚、李世东、刘海龙绘）

向雷锋同志学习

憎爱分明的阶级
立场

言行一致的革命
精神

公而忘私的共产
主义风格

奋不顾身的无产
阶级斗志

周恩来

1963 年 3 月 6 日，周恩来为学习雷锋题词。

148

向雷锋同志学习
憎爱分明的阶级立场，
言行一致的革命精神，
公而忘私的共产主义风格，
奋不顾身的无产阶级斗志。

（1963 年 3 月 6 日）

《周恩来选集》下卷，第 417 页。

1963 年 4 月，周恩来在北京玉泉山。

要使艰苦朴素成为我们的美德。

（1963年5月29日）

《周恩来选集》下卷，第 427 页。

我们决不能使自己的子弟成为国家和社会的包袱，

阻碍我们的事业前进。

对于干部子弟，

要求高，

责备严是应该的，

这样有好处，

可以督促他们进步。

（1963年5月29日）

《周恩来选集》下卷，第427页。

我们应该把整个身心放在共产主义事业上，
以人民的疾苦为忧，
以世界的前途为念。
这样，我们的政治责任感就会加强，
精神境界就会高尚。

（1963 年 5 月 29 日）

《周恩来选集》下卷，第 427 页。

没有勤俭就没有积累，

没有积累，

就没有将来。

（1963 年 7 月 22 日）

《周恩来教育文选》，第 209 页。

任何一门学问，
任何一种本事，
总是有基本训练的。

（1963 年 7 月 22 日）

《周恩来教育文选》，第 209 页。

一个人一点不想个人的问题是不大可能的；
要求一点不想，也是不现实的。
但是，经过考虑之后，
想到国家的要求、党的号召，
就能服从党和国家的利益，
这样，矛盾就好解决了。

（1963 年 7 月 22 日）

《周恩来教育文选》，第 215 页。

周恩来寄语

任何一个人都不能离开集体；

任何一个人，

不管他的地位多高，

责任多大，

都要在集体中受到监督，

都要有人管。

这是集体生活中的一条重要原则。

（1963 年 7 月 22 日）

《周恩来教育文选》，第 216 页。

人不是生而知之，而是学而知之。

（1963 年 7 月 22 日）

《周恩来教育文选》，第 216 页。

我们青年要有朝气，
要有旺盛的斗志，
要有顽强的工作精神、
刻苦的学习精神和吃苦耐劳的精神。

（1963 年 7 月 22 日）

《周恩来教育文选》，第 221 页。

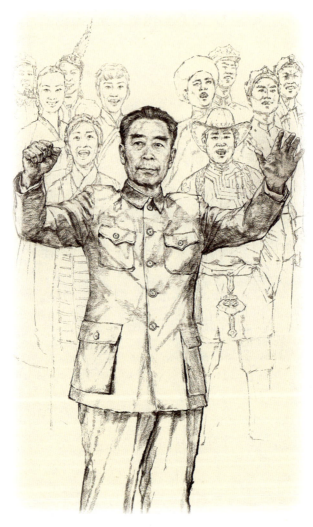

　　1964 年 10 月，大型音乐舞蹈史诗《东方红》在人民大会堂演出。周恩来被称为《东方红》的"总导演"。

（李世刚、李世东、刘海龙绘）

观察问题总要和全局联系起来，
要有全局观点。

（1964 年 12 月 18 日）

《周恩来选集》下卷，第 435 页。

周恩来寄语

头脑热的时候，

总容易看到一面，

忽略或不太重视另一面，

不能辩证地看问题。

原因就是认识不够。

认识不够，

自然就重视不够，

放的位置不恰当，

关系摆不好。

（1964 年 12 月 18 日）

《周恩来选集》下卷，第 438 页。

周恩来在飞机上阅览《民族画报》

（李世刚、李世东、刘海龙绘）

1965年6月，周恩来视察国防科工委某基地。

（李世刚、李世东、刘海龙绘）

学习外国必须同独创精神相结合。

（1964 年 12 月 21 日）

《周恩来选集》下卷，第 441 页。

既要提倡敢想敢说敢做的革命精神，
又要提倡实事求是的科学态度。

（1964 年 12 月 21 日）

《周恩来选集》下卷，第 442 页。

科学性和预见性是要从多次实践、
认识中得到提高的。

（1967 年 12 月 25 日）

《周恩来文化文选》，第 648 页。

周恩来和亚非拉朋友在一起

（李世刚、李世东、刘海龙绘）

要懂得水有源树有根。

（1970 年 9 月 17 日）

《周恩来选集》下卷，第 468 页。

晚年周恩来在病榻上坚持工作

（李世刚、李世东、刘海龙绘）

可以有创造，
但创造也要有基础。
要古为今用，
推陈出新。

（1970 年 9 月 17 日）

《周恩来选集》下卷，第 468 页。

周恩来寄语

外语教学有个基本功问题。比如京戏有基本功，唱腔、道白、武打等，这都是京戏艺术的基本功。而且，京戏的基本功不限于京戏艺术本身，还有政治、历史、地理等知识。学外语也是如此，不光是要掌握外语的语音、词汇、语法，做好听、说、读、写、译五个字，还要懂得历史、地理。不仅要读中国地理、历史，还要读世界地理、历史。自然科学也要懂一些。

（1970年11月20日）

《周恩来选集》下卷，第469页。

周恩来在大同华严寺浏览经书

（李世刚、李世东、刘海龙绘）

要把语言这个工具用得纯熟，
还是要苦练。

（1970 年 11 月 20 日）

《周恩来选集》下卷，第 469 页。

我们要讲历史，没有一点历史知识不行。

（1971 年 4 月 12 日）

《周恩来选集》下卷，第 470 页。

按照人类发展来看，

一个普遍真理最后总要被人们认识的，

和自然界的规律一样。

我们赞成任何青年都有这种探讨的要求，

这是好事。

要通过自己的实践去认识。

但是有一点，

总要找到大多数人的共同性，

这就可以使人类的大多数得到发展，

得到进步，

得到幸福。

（1971 年 4 月 14 日）

《周恩来外交文选》，第 473 页。

人民总理周恩来

（李世刚、李世东绘）

大家都要为整个国家利益着想，
不能只考虑自己那一部分。
在一个局部看来是很好的事，
但整体看就可能有问题。
牡丹虽好，
也要绿叶扶衬；
果子虽好，
没有树和叶，
果子也结不成了。

（1971年9月9日）

《周恩来经济文选》，第631页。

沉思中的周恩来

（李世刚、李世东绘）

心语

心语

附录一

周恩来青年时期诗七首

春日偶成（二首）

（一）

极目青郊外，
烟霾布正浓。
中原方逐鹿，
博浪踵相踪。

（二）

樱花红陌上，
柳叶绿池边。
燕子声声里，
相思又一年。

1914年春

【注释】

逐鹿：《史记·淮阴侯列传》："秦失其鹿，天下共逐之。"旧时比喻军
阀并起，争夺天下。

博浪踵相踪：博浪，即博浪沙。古地名，在今河南原阳县境内。《史
记·留侯世家》："秦皇帝东游，良与客狙击秦皇帝博浪沙中，误中副车。
秦皇帝大怒，大索天下，求贼甚急，为张良故也。"此句指当时国内反抗
袁世凯反动势力的斗争连绵不断。

送蓬仙兄返里有感（三首）

（一）

相逢萍水亦前缘，负笈津门岂偶然。
扪虱倾谈惊四座，持螯下酒话当年。
险夷不变应尝胆，道义争担敢息肩。
待得归农功满日，他年预卜买邻钱。

（二）

东风催异客，南浦唱骊歌。
转眼人千里，消魂梦一柯。
星离成恨事，云散奈愁何。
欣喜前尘影，因缘文字多。

（三）

同侪争疾走，君独著先鞭。
作嫁怜侬拙，急流让尔贤。
群鸦恋晚树，孤雁入寥天。

惟有交游旧，临歧意怅然。

1916 年 4 月

【注释】

作者以"飞飞"笔名发表此诗。

蓬仙：即张蓬仙（1896—1931），又名瑞峰，吉林长春人。是作者在天津南开学校的同学，"敬业乐群会"发起人之一，任该会第一任会长。

负笈：背负书箱，指求学。

扪虱：《晋书·王猛传》："桓温入关，猛被褐而诣之，一面谈当世之事，扪虱而言，旁若无人。"后以此形容放达率性，议论天下大事。

螯：螃蟹的大脚。

尝胆：《史记·越王勾践世家》记载：春秋时，越国被吴国打败，"越王勾践返国，乃苦身焦思，置胆于坐，坐卧即仰胆，饮食亦尝胆也。"后以"尝胆"形容刻苦自励，发愤图强。

敢息肩：反诘句，不敢卸除责任。

买邻：《南史·吕僧珍传》："宋季雅罢南康郡，市宅居僧珍宅侧。僧珍问宅价，曰：'一千一百万。'怪其贵，季雅曰：'一百万买宅，千万买邻。'"后以"买邻"比喻择邻而居。

南浦唱骊歌：《楚辞·九歌·河伯》："送美人兮南浦。"后常用南浦称送别之地。骊歌，古人告别时唱的歌。

梦一柯：宋代《太平广记》载唐代李公佐的传奇小说《南柯太守传》：

淳于棼梦至槐安国，国王以女妻之，任南柯太守，荣华富贵，显赫一时。后与敌战而败，公主亦死，被遣回。醒后见槐树南枝下有蚁穴，即梦中所历。后人因称梦境为"南柯"。

同侪：同辈。

先鞭：《晋书·刘琨传》："琨少负志气，有纵横之才……与范阳祖逖为友，闻逖被用，与亲故书曰：'吾枕戈待旦，志枭逆虏，常恐祖生先吾著鞭。'其意气相期如此。"后以"先鞭"表示争先达到目的。

次皞如夫子《伤时事》原韵

茫茫大陆起风云，举国昏沉岂足云。
最是伤心秋又到，虫声唧唧不堪闻。

1916 年 10 月

【注释】

作者以"飞飞"笔名发表此诗。

皞如：即张皞如，当时为天津南开学校国文教师，有爱国民主思想。
应作者等发起组织的"敬业乐群会"邀请，为该会诗团的成员。他的诗
《伤时事》与作者的诗同刊于《敬业》学报 1916 年第 5 期。

大江歌罢掉头东

　　右诗乃吾十九岁东渡时所作。浪荡年余，忽又以落第返国图他兴。整装待发，行别诸友。轮扉兄以旧游邀来共酌，并伴以子鱼、幕天。醉罢书此，留为再别纪念，兼志吾意志不坚之过，以自督耳。民国八年三月。

　　　　大江歌罢掉头东，
　　　　邃密群科济世穷。
　　　　面壁十年图破壁，
　　　　难酬蹈海亦英雄。

　　　　　　　　　　1917 年 9 月上旬

【注释】

　　大江：指宋代苏轼词《念奴娇·赤壁怀古》，该词首句为："大江东去，浪淘尽，千古风流人物。"

　　右诗：指本诗。原诗写于自序的右侧。

　　轮扉：即张鸿诰（1897—1981），吉林长春人。是作者在南开学校的同班同学。1916 年赴日本留学。

　　子鱼：即王嘉良（1899—?），又名王嘉梁，安徽泾县人。是作者在南

188

开学校的同学。后赴日本留学。

幕天：即穆敬熙（1900—？），又字缉轩、木天，吉林伊通人。是作者在南开学校的同学。后赴日本留学。

蹈海：投海殉国。《史记·鲁仲连邹阳列传》："彼即肆然而为帝，过而为政于天下，则连有蹈东海而死耳，吾不忍为之民也。"

雨中岚山——日本京都

雨中二次游岚山，

两岸苍松，夹着几株樱。

到尽处突见一山高，

流出泉水绿如许，绕石照人。

潇潇雨，雾蒙浓；

一线阳光穿云出，愈见姣妍。

人间的万象真理，愈求愈模糊；

——模糊中偶然见着一点光明，真愈觉姣妍。

1919 年 4 月 5 日

【注释】

作者于 1917 年 9 月赴日本留学。1919 年 4 月回国途中在京都停留时写下这首诗。

京都：也称西京，位于日本西部。公元 794—1869 年曾为日本首都。

岚山：日本京都著名的风景区。

190

雨后岚山

山中雨过云愈暗，渐近黄昏；
万绿中拥出一丛樱，
淡红娇嫩，惹得人心醉。
自然美，不假人工；不受人拘束。
想起那宗教，礼法，旧文艺，
……
粉饰的东西，
还在那讲什么信仰，情感，美观
……的制人学说。
登高远望，青山渺渺，
被遮掩的白云如带；
十数电光，射出那渺茫黑暗的城市。
此刻岛民心理，仿佛从情景中呼出；
元老，军阀，党阀，资本家，
……

从此后"将何所博"？

1919 年 4 月 5 日

【注释】

作者于 1917 年 9 月赴日本留学。1919 年 4 月回国途中在京都停留时写下这首诗。

京都：也称西京，位于日本西部。公元 794—1869 年曾为日本首都。

岚山：日本京都著名的风景区。

将何所博：此句似应为"将何所恃"。

生别死离

一月前在法兰西接到武陵来信，他抄示我们离北京时在京汉车中所作的《别的疑问》诗，当时读完后怀旧之感颇深。本月初来德，得逸豪信，因念强死事论到生别死离；继读石久给奈因信，谈点似是而非的资本万能。最后又看到施山给念吾的信，知道黄君正品因长沙纱厂工人罢工事，遭了赵恒惕同资本家的诱杀。一时百感交集，更念及当时的同志，遂作此篇，用表吾意所向，兼示诸友。

壮烈的死，苟且的生。
贪生怕死，何如重死轻生！

生别死离，最是难堪事。
别了，牵肠挂肚；
死了，毫无轻重，
何如作个感人的永别！

没有耕耘，哪来收获？
没播革命的种子，却盼共产花开！
梦想赤色的旗儿飞扬，

却不用血来染他，
天下哪有这类便宜事？

坐着谈，何如起来行！
贪生的人，也悲伤别离，
也随着死生，
只是他们却识不透这感人的永别，永别的感人。
不用希望人家了！
生死的路，已放在各人前边，
飞向光明，尽由着你！
举起那黑铁的锄儿，
开辟那未耕耘的土地；
种子撒在人间，
血儿滴在地下。

本是别离的，以后更会永别！
生死参透了，努力为生，
还要努力为死，
便永别了又算什么？

1922 年 3 月

【注释】

作者旅欧期间写下这首诗，随信寄给国内觉悟社社员李锡锦、郑季清。诗前写道："我认的主义一定是不变了，并且很坚决地要为他宣传奔走。前几天我曾做了首白话诗，词句是非常恶劣，不过颇能达我的意念，现在抄在下面给你们看看。"诗后写有："你们看了我这首诗，可以想见我现时的志趣来了。不用多谈，谅能会意。"作者写给李锡锦、郑季清的信以"伍的誓词"为题在《新民意报》副刊《觉邮》第二期发表。伍，即伍豪。觉悟社成立后，社员用抽签的办法，决定代表各人的号码，他们在《觉悟》发表文章时，用号码代替姓名。作者抽到的是五号，谐音"伍豪"，为其代名。

武陵：即谌志笃（1893—1970），贵州织金人。觉悟社发起人之一，代号是五零，谐音武陵。

逸豪：即邓颖超（1904—1992），河南光山人。觉悟社发起人之一，代号是一（号），谐音逸豪。

念强：即陶尚钊（1905—1922），浙江绍兴人。是作者南开学校校友。觉悟社社友。1920年1月因参加天津学生爱国运动和作者一起被捕，后经保释放。同年11月赴法国勤工俭学，1922年春逝世于法国里昂。

石久：即潘世纶（1898—1983），浙江杭县人。觉悟社社员，代号是十九，谐音石久。

奈因：即赵光宸（1902—1965），天津市人。觉悟社社员，代号是九，化名奈因（英语单词 Nine 的译音）。

施山：即李毅韬（1896—1939），河北盐山人。觉悟社社员，代号是四十三，谐音施山、峙山、施珊。

念吾：即刘清扬（1894—1977），天津市人。觉悟社发起人之一，代号是二十五，谐音念吾。

黄君正品：即黄爱（1897—1922），湖南常德人。觉悟社社友。1920年回湖南从事工人运动，1922年1月因领导长沙纱厂工人罢工被湖南反动军阀赵恒惕杀害。

赵恒惕：（1880—1971）湖南衡山人。当时是北洋军阀政府任命的湖南省省长、湘军总司令。

心语

心语

附录二

我的修养要则

我的修养要则*

（1943 年 3 月 18 日）

一、加紧学习，抓住中心，宁精勿杂，宁专勿多。

二、努力工作，要有计划，有重点，有条理。

三、习作合一，要注意时间、空间和条件，使之配合适当，要注意检讨和整理，要有发现和创造。

四、要与自己的他人的一切不正确的思想意识作原则上坚决的斗争。

五、适当地发扬自己的长处，具体地纠正自己的短处。

六、永远不与群众脱离，向群众学习，并帮助他们。过集体生活，注意调研，遵守纪律。

七、健全自己身体，保持合理的规律生活，这是自我修养的物质基础。

（选自《周恩来选集》上卷，第 125 页。）

---

* 本文是周恩来在重庆红岩整风学习时写的。

附录三

谈谈青年的学习和生活

谈谈青年的学习和生活*

（1957 年 3 月 24 日）

今天在座的有很多是学校的青年，所以我特别要向青年讲几句话。

首先要讲的，就是现在的中学生，进学校是为了什么？受过教育以后去做什么？进中学的每个人不可能将来都升入大学做大学生，都当高级知识分子，或者当国家干部。当然，你们里头会有不少人升入大学，成为高级知识分子或国家干部，但更多的人毕业后要直接参加工农业生产劳动。不论能不能升学，不论干什么，目的都是为了建设社会主义。这是你们学习的目的，也是国家办教育的目的。国家办教育，就是为了使青年一代不再是文盲，而成为有文化的劳动者。这样，我们的科学技术水平才能提高，国家才能建设得好，社会主义才能建设得好。一个文化不高的人，要掌握现代科学技术是很困难的，如果是文盲，就更困难了。有了中等的文化水平，掌握现代科学技术就比较容易些。所以，工厂里的劳动者也需要受过中等教育。不仅现在还在学校学习的青年要认识到这一点，就是已经在工厂里做工的工人，也应该认识到这一点。现在许多工人参加业余学校学习，就是为了把自己的文化提高到中等的水

---

* 这是周恩来在杭州群众大会上讲话的节录。

平。不仅工业有这样的要求，农业也是一样。农民也需要有文化。我国可耕地面积比较少，需要提高单位面积产量。要提高单位面积产量，达到我国农业发展纲要的要求，就必须提高技术。一系列的技术措施需要有知识的人来掌握。所以，我们青年一代的农民应该有文化。有了文化，不仅今天可以掌握已有的技术，增加生产，而且将来能够运用更新的技术，解决我国农业机械化、现代化的问题。

我们社会主义国家的人民要懂得劳动的可贵，要热爱劳动，这是很重要的一点。旧社会有句老话，说"万般皆下品，唯有读书高"。读书的唯一目的就是做官，这种观点是违反时代潮流的，是错误的，我们应该否定它。我们应该认识到，学习是为了劳动，为了社会主义建设。这就联系到就业的问题了。青年人学习告一段落，就要到劳动岗位上去，到农村和城市的各种劳动岗位上去，这就是就业。就业的范围很广，在厂矿企业、学校、机关里工作是就业，在农村的合作社、手工业合作社、各种商业机构里工作也是就业。同时，我们应该肯定，从事家务劳动也是劳动。国家给一个人的工资，农业合作社给一个劳动力的工分，都不只是为维持本人的生活，而是包括维持一定数目的家庭人口的生活的。因此，我们的工资或者工分的收入，不仅为了个人，还要负担家庭的生活，要养育儿女，赡养老人。

说到赡养老人，我们有些青年团员也许会问："难道现在还要我们讲孝道？"对"孝道"要做分析，要辩证地看。当封建社会束缚生产力的发展，利用"孝道"压制青年的时候，我们要推翻封建社会，反对"孝道"，甚至要进行家庭革命。几十年前，有人就写过《非孝》的文章。当年有些老先生对那篇文章曾有不少非议。可是当时那篇文章是有道理的。现在就不同了，封建统治已经被推翻了，我们就不能再笼统地说"非孝"了。在旧社会，封建家庭束缚我们，我们要反抗；在新社会，家庭不再束缚我们了，老一代曾经哺育我们成长，我们就应该赡养他们。类似的问题还有。例如，我们在"五四"时期提出打倒孔家店是完全应该的，孔家店是要打倒的。可是现在对孔夫子就应该全面评价，对他的一些好的地方，就应该给予肯定。又如，在辛亥革命的时候，要推翻清朝，要彻底否定它。那时，你们杭州也是一个革命的地方。现在，徐锡麟、秋瑾的墓在这里，章太炎先生的墓也在这里。我们要纪念他们。为什么？因为他们那一代推翻了清朝，是天安门前烈士纪念碑上有份的人。现在我们已经推翻清朝几十年了，已经是社会主义国家了。在这个时候，我们对于清朝的皇帝及其他历史人物也要作一个公平的评价。我们不是常说我国地大物博、人口众多吗？对这两条，清朝就有一定的贡献。所以我们现在也要肯定它的好处。那个净慈寺前面康熙、乾隆两个皇帝题的字，还是应该保护，搞干净一些，现在太脏了，我最近去看看不清楚。康熙皇帝对中国发展的功劳，比乾隆皇帝大得多。你们看，我们把孔夫子，把皇帝的好处都要肯定，何况其他。有否定，有肯定，这就是辩证法。如果我们当年不对封建家庭加以否定，不闹家庭革命，我们今天也就站不到这个地方了。可是革命成功了，现在就应有新的观念，对家庭要有所肯定。国家给了我们工资，我们能够对曾经养育过我们的老人，在他们丧失劳动能力后不去养活他们吗？当然不能。应该由个人负担，不应该也不可能把这些都交给国家去管。我们个人拿了工资要负担应该负担的事情。比如妻子在家从事家务劳动，你得的工资就应该有她的一份，因为没有她的劳动，你就难以生活。家庭里养儿育女的事情，也要共同负担。

下面谈谈生活与幸福的问题。我们革命的目的，就是要使人民得到幸福。说到幸福，不仅要看到眼前，还要看到长远，要把二者结合起来。从鸦片战争以来，我们前辈革命的人，前仆后继，流血牺牲，为的就是后代的幸福。尤其是近三十多年来，中国共产党领导革命，多少先烈抛头颅洒热血，才换来我们今天的幸福。我们现在也应该想一想，怎样为我们的后代谋幸福，为我们民族谋长远的幸福。回想过去，我们是从艰苦奋斗、流血牺牲中过来的。我们的民族有悠久的历史，不仅是近百年，而且从有历史记载以来，几千年间，劳动人民不断斗争，形成了一种艰苦奋斗、不怕牺牲的优良传统。我们应该继承这种传统，并在社会主义建设中发扬光大。现在国际形势趋于缓和，我们应该利用这种环境，在工作中、劳动中艰苦奋斗，勤俭建国。

为了我们人民生活的幸福，为了长远的利益，也为了后代，我向你们建议：最好是晚婚，并且节制生育。现在我国人口增长的速度是很快的，全国人口每年平均净增百分之二点三到二点五，也就是净增一千三百万到一千五百万人。一年增长的人相当于一个不很小的国家的人口。我们应该控制我国人口的增长速度，要有一个计划。人不是很聪明吗？我们建设国家，可以搞计划，为什么对我们的家庭，对我们人的生育就没有计划呢？在生育方面没有计划是不行的。尤其是青年，应该趁年轻的时候，利用大好时光增加知识，学点本事，努力劳动，所以最好是晚婚。今天在座的都是城市青年，大多数是学校的青年，应该有这样的自觉性。这是讲没有结婚的，至于结了婚的，就应该计划生育，就要节育。我们当前工资收入还比较低，养育很多儿女也是困难的。儿女多了，首先会影响母亲的健康；母亲不健康也养育不好儿女，对儿女的教育也会增加许多困难。从长远看，这对增强人民的体质，提高人民的智慧，都是不利的。我们应该一代比一代更好。

（选自《周恩来教育文选》，第144—149页。）

后　记

　　本书是周恩来思想生平研究会为纪念周恩来同志诞辰120周年编辑的。书中主要收录了周恩来青少年时期对人生的感悟、理想和追求；参加革命特别是担任党和国家领导人之后，对于青年一代的期望和教诲。文字简洁，内涵深刻，是一部适合青少年学习的读本。

　　书中所引资料主要来自中共中央文献研究室编辑的《周恩来选集》《周恩来外交文选》《周恩来教育文选》《周恩来文化文选》《周恩来统一战线文选》《周恩来南开校中作文》《周恩来旅日日记》《周恩来书信选集》等著作。

　　本书由周恩来思想生平研究会廖心文、李清平负责选稿、注释工作，青年画家李世刚、李世东、刘海龙绘制了所有插图。人民出版社图典分社社长侯俊智、编辑刘佳承担了出版方面的工作。

周恩来思想生平研究会

2017 年 8 月